D'UNE ASSOCIATION

PRETENDUE CONSTITUTIONNELLE

CONTRE

LES ACQUÉREURS

DE

DOMAINES NATIONAUX.

PAR J. P. PAGÈS.

PARIS,
BECHET, LIBRAIRE DU COURRIER FRANÇAIS,
quai des Augustins, nº 57.

AOUT — 1821.

D'UNE ASSOCIATION
PRÉTENDUE CONSTITUTIONNELLE
CONTRE LES ACQUÉREURS
DE
DOMAINES NATIONAUX.

D'UNE ASSOCIATION
PRÉTENDUE CONSTITUTIONNELLE
CONTRE
LES ACQUÉREURS
DE
DOMAINES NATIONAUX.

LORSQUE la liberté de la presse, accordant un droit égal aux opinions contraires, leur permettait d'exposer leurs principes et de défendre leurs intérêts, lorsque l'ordonnance du 5 septembre présentait aux écrivains une faveur moins inégale ou une moins inégale sévérité, le livre le plus hostile et la plus funeste entreprise n'étaient point à redouter. Des débats contradictoires en faisaient bientôt justice, et l'opinion publique était satisfaite; car c'est par la publicité que se guérissent tous les maux qui naissent de la publicité.

Ce temps est passé. L'erreur n'hésite plus à se montrer lorsqu'elle est sûre de ne pas rencontrer la vérité sur sa route. On peut tout dire devant des adversaires lorsqu'on sait qu'il est impossible ou périlleux pour ces adversaires de répondre à ce que l'on a dit.

Cependant, où l'opposition n'est pas possible, le Gouvernement représentatif n'existe pas; où nul ne peut s'opposer au Gouvernement, le Gouvernement est absolu. Ce n'est pas qu'en France le pouvoir tende au despotisme, mais un parti l'y pousse.

Tant que la presse n'était pas asservie, ce parti se bornait à attaquer nos principes, à défendre ses opinions.

Qu'a-t-il à faire aujourd'hui d'opinions et de principes? Ce sont ses intérêts qu'il veut faire triompher; ces intérêts sont, il est vrai, condamnés par le temps, réprouvés par les lois, déshérités par la Charte. Toutefois, ils peuvent revivre par la force; ce parti veut donc que le pouvoir soit fort : c'est bien. Il envahira ensuite le pouvoir : ce sera mieux.

On pourra me dire que ces projets sont connus, avoués, et qu'ils trouveront un obstacle insurmontable dans la sagesse du Prince; j'aime à le croire. On peut ajouter qu'ils trouveraient une invincible résistance dans les intérêts publics, dans l'opinion publique; j'aime à le croire encore. Ce n'est pas de l'issue de la campagne, c'est des préparatifs de guerre que je veux parler.

Sous la loi d'élection du 5 février, ce parti, dans tous ses ouvrages, dans tous ses pamphlets hebdomadaires, dans toutes ses feuilles quotidiennes, attaquait sans cesse les principes de la révolution, les opinions révolutionnaires. Jusques-là, c'étaient des débats de théorie; ils pouvaient faire du bruit et ne pouvaient faire du mal. Tout se passait dans l'empire de l'opinion, et Buffon a dit qu'il est assez vaste pour que chacun y puisse habiter en repos. Alors, si la presse était libre pour eux, elle l'était aussi pour les écrivains constitutionnels; et l'usage que ceux-ci pouvaient faire de cette liberté empêchait ceux-là d'en abuser.

Une nouvell e loi d'élection survint; elle traîna la censure à sa suite. On a dit beaucoup de mal des censeurs; je ne connais pas ces hommes, mais pourquoi s'occuper d'eux? La censure admise, il faut des censeurs dignes de la censure. Elle a fait les journaux ce qu'ils sont. Les uns restèrent sur l'offensive, la défensive fut le partage des autres; encore, de peur qu'en se défendant, ils ne blessassent leurs adversaires, furent-ils forcés de ne porter au combat que la moitié de leurs armes, dont on avait toujours grand soin d'émousser la pointe.

Alors les hommes qui pouvaient parler et ne pouvaient être contredits, cessèrent leur guerre aux opinions, pour commencer une guerre nouvelle contre les intérêts créés par la révolution et garantis par la Charte. C'est alors qu'on vit se succéder une foule d'ouvrages contre *les possesseurs* de domaines *dits* nationaux. Alors la révolution ne fut plus dans ces principes qu'on avait combattus avec tant d'acharnement ; elle fut tout entière dans la vente des biens des émigrés. Alors la contre-révolution ne fut plus dans le triomphe des principes royalistes, elle fut tout entière dans les intérêts de l'émigration.

Dans tout ceci, je n'approuve ni ne blâme ; je raconte. On ne put annoncer, encore moins combattre, les premiers pamphlets qui parurent. La plus légère discussion eût dissipé toutes les craintes des acquéreurs, eût fait évanouir toutes les espérances de l'émigration. Rien ne fut discuté ; les espérances et les craintes restèrent en présence.

Fut-ce calcul ou hasard, je l'ignore : mais on vit alors disparaître de la lice les auteurs qui avaient brisé les premières lances, et apparaître à la fois trois écrivains qui pouvaient donner à leurs paroles tout l'éclat d'un beau talent et tout le poids d'une grande considération sociale.

M. le comte de Montlosier monta le premier sur la brèche. Son talent est connu, son livre est jugé. Il aborde avec intrépidité la question des biens des émigrés. Il faut l'entendre lui-même ; l'analyse dirait trop ou trop peu. « Louis XVIII, *émigré*, se présente sur la scène ; un des premiers actes de son avènement est de consacrer la spoliation des émigrés : l'esprit s'égare aussitôt ; il ne sait plus où il est. » (P. 191.) « La question des biens des émigrés suivra toutes les nuances de ce sentiment (la crainte) ; elle sera en baisse ou en hausse, à proportion que les forces de la révolution s'élèveront ou s'abaisseront. » (P. 192.) « Sous la restauration, l'abandon des biens des émigrés implique je ne sais quelle courtoisie envers le crime qui me fait dresser les cheveux. » (P. 193.) « En traitant de l'illégitimité des condamnations des émigrés, et par suite de l'illégitimité des ventes qu'elles ont prononcées, mon intention est-elle de provoquer la résolution de ces ventes? A ne considérer que le côté principal de la question, cela devrait être : *Non remittitur peccatum, nisi restituatur ablatum.* » (P. 194.) « Il faut soigneusement distinguer à cet égard les vendeurs et les acquéreurs. Les vendeurs, selon moi, ne méritent aucun ménagement d'opinion. Au premier moment de la restauration, *si on les eût mis en pièces*, j'aurais déploré cet événement; mais c'eût été un malheur *et non pas une injustice.* » (P. 195.) « L'acheteur révolutionnaire voudrait se persuader et me persuader que la révolution, qui a consacré les ventes, doit être admise comme un principe de droit; je n'en conviens pas avec lui. » P. 197.)

Après M. le comte de Montlosier, M. Dard paraît sur la scène; voici ses opinions : « Les propriétaires anciens ont été dépouillés par la force, et non par le droit : ne pourrait-on pas, dans la rigueur des principes, en déduire l'une ou l'autre de ces deux conséquences, ou que le souverain *ne pouvait*, par la Charte, confirmer cette spoliation, ou qu'il a le *droit* de disposer de tous les biens de ses sujets sans aucune indemnité. C'est par cette raison, que les anciens propriétaires dépouillés, conservent l'espoir de rentrer dans leurs biens, tandis que les possesseurs actuels ont l'inquiétude de se les voir enlever à leur tour. Car ce que la force seule a fait, la force peut le défaire. Et, s'il ne faut qu'une assemblée, et une majorité dans cette assemblée, pour rendre légale l'œuvre de la force, qu'elle est la propriété qui puisse être assurée? » (P. 10.) « Les garanties données par des actes du gouvernement, quand bien même ces actes auraient le nom de lois, ou de *Charte*, seraient impuissantes. » (P. 12.) « Les acquisitions sont illégitimes tant qu'elles n'auront pas été suivies de l'approbation ou du consentement des *véritables* propriétaires. » (P. 16.) « Personne n'ignore que tous les jours des transactions particulières ont lieu entre les possesseurs actuels et les anciens propriétaires. Ces transactions supposent, et que les lois qui ont prononcé la confiscation des biens des émigrés, et la *Charte*, n'ont pas transféré à l'acquéreur une propriété complète; et que pour ces biens, il existe encore un autre propriétaire que celui déclaré et reconnu par la loi. » (P. 89.)

A M. Dard succède M. Bergasse. Des citations tiendront encore lieu d'analyse, son ouvrage fut, dit-il, composé durant les cent jours, c'est après qu'il a voulu dire. « A cette époque on pouvait encore espérer que les biens des émigrés, ravis avec tant de violence et d'injustice, seraient enfin restitués à leurs véritables propriétaires; et on devait le croire, d'autant mieux que le Roi lui-même ayant annoncé qu'il pouvait arriver que l'expérience qu'on ne devine pas toujours, rendît nécessaires quelques *modifications* à la Charte dont il fesait don à ses peuples, il était naturel de penser que le *premier*, et à parler rigoureusement, le *seul article* peut-être *à modifier dans cette Charte*, serait celui qui prononce, au profit de ceux qui en sont aujourd'hui possesseurs, la *concession* définive de tant d'héritages envahis. » (P. 5 de l'Avant-propos) « Ces héritages, si injustement vendus ou usurpés, sont demeurés hors du commerce comme frappés d'une sorte de malédiction qui ne permet, à quiconque se respecte un peu, de les acquérir. L'opinion, plus forte ici que la loi (parce que toutes les fois que l'opinion a la justice et la vérité pour bases, la loi n'est plus rien devant elle), l'opinion, dis-je, leur a imprimé un tel caractère de défaveur, qu'on ne peut les posséder sans honte, et en jouir sans audace. De plus, qui ne sait que jamais ceux qui en sont devenus les détenteurs ne se sont flattés de les conserver qu'aussi long-temps que la France demeurerait privée de son légitime souverain. » (P. 8) « Cette terre qu'en un temps de désordre et d'anarchie, vous avez enlevée à son maître légitime, cette terre ne sera jamais, ni à vous, ni à vos descendans. » (P. 16.) « J'ai envisagé la question importante de la restitution des biens des émigrés sous trois points de vue : en la considérant dans ses rapports avec la propriété en général, j'ai prouvé que tout le système de la propriété est frappé dans sa base, si l'on s'obstine à maintenir la confiscation des biens des émigrés. En la considérant dans ses rapports avec le gouvernement, j'ai fait voir qu'aucun gouvernement, et spécialement le gouvernement monarchique, ne peut subsister à côté des lois atroces qui ont prononcé cette confiscation scandaleuse. Enfin, j'ai démontré que la confiscation est tellement en opposition avec les principes religieux, qu'il est tout à fait impossible que l'ordre social ne porte pas en lui-même des germes de destruction et de mort, aussi long-temps que ces lois ne seront pas révoquées. » (P. 146.)

Si la liberté de la presse eût existé, elle eût fait justice de ces inconstitutionnelles prétentions, elle eût repoussé les outrages dont les acquéreurs étaient accablés. La presse était asservie, les acquéreurs furent impunément abreuvés de dégoûts.

Toutefois ces ouvrages n'étaient rien par eux-mêmes. Les biens nationaux n'étaient pas possédés avec moins de sécurité par leurs véritables, par leurs seuls propriétaires. Mais bientôt les partisans de l'émigration s'aperçurent qu'ils marchaient sur une route dont la servitude de la presse avait fait disparaître les obstacles ; et bientôt ces spéculations sortirent du vague des théories pour descendre sur le terrain de l'application.

A peine la tribune de la Chambre des Députés était-elle muette, qu'on a fait paraître une brochure qui porte ce titre : *Association constitutionnelle pour la défense légale des intérêts légitimes.* Je crus voir dans cet ouvrage qu'on voulait réunir en faisceau l'émigration tout entière pour attaquer au nom de cette masse, les acquéreurs isolés des domaines nationaux. Collaborateur du *Courrier Français*, j'adressai à ce journal l'article suivant dont la censure permit l'impression après lui avoir fait subir les mutilations accoutumées.

Les meilleurs projets perdent de leur bonté lorsqu'ils sont annoncés avec fourberie ; les plus funestes entreprises ont quelque chose de louable lorsqu'elles sont présentées avec courage ; ce courage fût-il imprudence et témérité. Il y en a beaucoup (c'est de l'imprudence que je veux dire) dans le prospectus imprimé qui porte pour titre : *Association constitutionnelle pour la défense legale des intérêts légitimes.* Je pourrais bien me récrier sur ce titre ; mais comme la France n'est pas le premier pays où l'on a vu paraître des associations constitutionnelles pour attaquer la constitution, je pardonne à l'imitation, à l'anglomanie, et j'arrive au second titre qui est plus clair et qui se présente sans voile ; le voici : *De la* NÉCESSITÉ *et de la* LÉGALITÉ *de demandes en indemnité à raison des biens vendus par l'Etat, et de toutes autres réclamations légitimes, à poursuivre par toutes voies, et contre qui de droit, au nom d'émigrés ou autres Français dépossédés.*

Je m'arrête à ce second titre, et je demande :

1°. S'il y a *nécessité* à exhumer une question sur laquelle les chambres se sont prononcées chaque année à plusieurs reprises ; sur laquelle on a toujours passé à l'ordre du jour, et que l'on a constamment regardée comme un brandon de discorde dans l'état actuel des opinions, des intérêts, de la législation, et de la dette publique en France ?

2°. S'il y a quelque *légalité* à manifester des vues qui ne peuvent s'ouvrir aucune voie légale, puisque aucune loi n'a permis ni de poursuivre les acquéreurs, ni de réclamer légalement des indemnités ? quelque action que *l'association constitutionnelle* se permette, ces actions seront constamment illégales, puisqu'elles n'ont été ni permises, ni tolérées, ni indiquées par aucune loi.

3°. Les poursuites seront faites *par toutes voies et contre qui de droit.* Ici, le style de palais annonce des poursuites judiciaires. Si M. Sarran, directeur de l'association, n'avait pas si bien expliqué ses intentions, nous pourrions présumer qu'il s'agit seulement de mémoires à adresser aux ministres afin de les déterminer à présenter aux chambres un projet de loi sur les émigrés ; de, pétitions aux chambres, afin qu'elles pussent supplier la couronne d'user de son initiative ; de suppliques au roi pour le même objet. Dans cette hypothèse, tout aurait bien pu être intempestif ; nous aurions pu dire contre les hommes de l'ancien régime, tout ce que les hommes de l'ancien régime ont dit contre nos comités directeurs, avec cette différence qu'on n'a jamais pu ni indiquer, ni prouver leur existence, tandis qu'ici l'association s'était signalée elle-même ; nous pouvions renouveler tout ce qu'on a suscité contre les réunions d'intérêts et contre les pétitions collectives ; mais, en résultat, tout se fût passé sur le terrain de la constitution, et les hommes qui veulent de la liberté pour tous doivent en respecter l'exercice chez leurs adversaires, ces adversaires fusssent-ils des ennemis. Mais ici, il s'agit de poursuites dirigées contre qui de droit : or, pour savoir ce qu'il faut entendre par ce *qui de droit*, il faut se rappeler qu'entre les émigrés et les biens qu'ils possédaient jadis, il n'y a que deux personnes, celle qui a vendu et celle qui a acheté. Le vendeur, c'est l'État, et ce n'est pas à lui qu'on peut s'adresser dans notre législation pour le poursuivre juridiquement, puisque aucune disposition législative n'a permis de semblables poursuites. Par ces mots *qui de droit*, il faut donc entendre les acquéreurs. Or, pour les hommes sages, le prospectus de l'*association constitutionnelle* ne saurait les intimider ; leur droit est dans les lois, dans la charte, dans le besoin de la paix publique ; leur garantie est dans les tribunaux, dans les chambres, dans l'opinion. Mais qu'on se figure le déplorable effet que peuvent produire chez les hommes timides, les menaces de poursuites faites par l'association ; qu'on s'imagine leurs craintes lorsqu'ils apprendront qu'il existe une réunion d'individus qui proclament le dessein d'intenter des poursuites contre qui de droit *au nom d'émigrés ou autres Français dépossédés*. Alors, chaque acquéreur isolé va se croire attaqué par une collection de personnages puissans, va craindre de se trouver sans défense, et c'est pour détruire le funeste effet que le prospectus de M. Sarran, annoncé ce matin par la *Quotidienne*, peut produire chez les paisibles cultivateurs, c'est pour calmer leurs craintes que nous avons pris la plume.......

L'association constitutionnelle rentre dans la question de l'indemnité *qui, en désintéressant la partie dépossédée, doit faire entrer dans l'entière et tranquille jouissance de la propriété dite nationale, la partie qui est en possession.* Ici, l'association confond deux questions différentes : la propriété et l'indemnité. La première est complétement étrangère à la seconde. Les acquéreurs n'ont rien à voir dans les déterminations que le roi et les chambres pourront prendre. Ils ont la propriété des biens acquis par eux ; cette propriété est entière parce que le titre d'acquisition le veut ainsi, parce que la loi le veut ainsi, parce que la charte le veut ainsi, parce qu'il y a en leur faveur titre et possession, parce qu'il y a contre les émigrés prescription acquise. C'est en vain que le prospectus déclare les droits des émigrés imprescriptibles, car, dans ce cas, il faudrait revenir sur toutes les confiscations ; les protestans redemanderaient leurs biens, les jésuites redemanderaient leurs biens, les victimes des confiscations juridiques redemanderaient leurs biens, le clergé redemanderait ses biens, les hommes ruinés par Law, par l'abbé Terrai, par le tiers consolidé, par le *maximum*, par les assignats, redemanderaient leurs biens, et la France ne serait pas assez riche pour rendre ce qui fut pris par ses divers gouvernemens. La prescription est ou n'est pas. On peut l'invoquer contre les émigrés, ou on ne peut l'invoquer contre personne. Ainsi, n'en déplaise à *l'association constitutionnelle*, la propriété est *entière* pour les acquéreurs, et elle serait *tranquille* si l'*association constitutionnelle* ne venait pas la troubler.

Quel est le dessein de l'association? que veut-elle ? *réunir toutes les réclamations individuelles...., en former une masse imposante.* Pourquoi cette vaste et inutile entreprise ? parce qu'*il faut que les dépossédés eux-*

mêmes puissent établir légalement ces réclamations ; et qu'ils les fassent valoir s'il le faut selon les formes habituelles de la justice. Je n'hésite pas à le dire, rien n'est plus intempestif, rien n'est plus hostile, rien n'est plus fait pour troubler la paix intérieure, pour susciter des craintes, pour réveiller des haines, que cette menace de procès intentés selon les formes habituelles de la justice, *par une masse imposante* contre un *acquéreur isolé.*

Menacer les acquéreurs n'est rien pour les forts, c'est beaucoup pour les faibles ; mais lorsque les associés déclarent qu'ils emploieront *tous les moyens que leur donnent les lois, les circonstances, leur position sociale,* sans doute le plus faible acquéreur connait assez bien les lois pour savoir qu'il n'a pas à les redouter ; mais le plus fort ne peut-il pas se figurer comme très-redoutable ce que l'*association* appelle les *circonstances* et sa *position sociale ?* Il importe de secouer la lumière sur les ténèbres de cette association, et autant que les limites imposées à la manifestation de nos pensées, nous le permettront, nous signalerons ces piéges tendus à la crédulité, ces menaces faites à la faiblesse, ces brandons jetés sur des objets assez combustibles pour qu'on dût les respecter, nous les signalerons avec d'autant plus de soin et de zèle que la forfanterie de l'association déclare qu'elle saura *faire triompher ses réclamations, parce qu'après avoir senti le besoin de ce triomphe, elle a été assez heureuse pour en acquérir la certitude.* Qui donc a pu lui donner cette *certitude du triomphe ?* a-t-elle parole de toutes les cours royales de France ? les ministres se sont-ils réunis en conseil pour lui promettre un heureux succès ? les chambres ont-elles eu un comité secret pour lui assurer la victoire ? La déception, le mensonge, le leurre sautent aux yeux. Il suffit de les signaler pour que les craintes se calment, pour que la paix ne soit point troublée.

L'association déclare qu'elle s'est entourée d'une *imposante réunion d'hommes sages, éclairés et vertueux, de publicistes distingués par la générosité de leur carac-*

tère, de jurisconsultes recommandables par la sagesse de leurs décisions; et *tutti quanti*, seront *aidés du secours indispensable d'habiles financiers*. Je ne crois ni aux publicistes distingués, ni aux jurisconsultes sages, mais je serais assez tenté de croire aux habiles financiers ; et en voyant qu'on demande à chaque émigré ou Français dépossédé un *maximum* de cent francs et un *minimum* de vingt fr., je suis, Dieu me le pardonne, tout près de penser que *l'association constitutionnelle* n'est qu'une spéculation financière........

Cet article déplut, il devait déplaire à l'*association constitutionnelle*. M. Sarran adressa une réfutation au *Courrier Français*, elle parvint trop tard, et le directeur du journal envoya à la censure la note suivante :

«M. Sarran nous écrit *au nom des fondateurs de l'association constitutionnelle pour la défense légale des intérêts légitimes*, une lettre qui nous est parvenue trop tard pour qu'il nous fût possible de l'insérer dans notre feuille de ce jour. Elle paraîtra dans notre numéro de demain ; et le public verra que, loin de détruire nos objections, elle en fait naître de nouvelles et de plus graves. L'*association constitutionnelle* peut avoir, sur la paix intérieure, une trop funeste influence, pour que nous ne soyons pas fidèles à l'engagement que nous avons pris de la combattre, autant que les limites imposées à la manifestation de la pensée pourront nous le permettre. »

En marge de cette note, dont la publiciation a été interdite, la censure a écrit à l'encre rouge :

Cette annonce
n'est plus admise
dans aucun journal.

Il était possible que la censure, craignant de propager cette funeste entreprise, défendît de l'annoncer et permît de la combattre. Je crus devoir, dans l'intérêt des acquéreurs de domaines nationaux, réfuter la lettre de M. Sarran.

Cette réfutation a été présentée avant-hier à la censure

qui, après l'avoir bâtonnée à l'encre rouge, a usé de ce qu'elle appelle son *pouvoir discrétionnaire*, et prononcé l'*ajournement*, *ordre du jour* équivoque qui force au silence quand il faudrait parler, sans ôter l'espoir de parler quand le silence n'est plus utile.

Article rejeté par la Censure.

Dans un article sur l'*association constitutionnelle pour la défense légale des intérêts légitimes*, inséré dans le *Courrier Français* du 4 août, je crois avoir prouvé :

1° Que cette entreprise était fondée sur le modèle de l'*association constitutionnelle* que lord Wellington a établie à Londres *contre la liberté de la presse*.

2° Qu'elle était formée dans un intérêt inconstitutionnel et illégal, contre la possession légale, constitutionnelle et légitime des propriétaires de biens vendus par l'état.

3° Que c'était porter atteinte à la paix intérieure, que d'exhumer des prétentions ensevelies à jamais par les lois de l'assemblée constituante sanctionnées par Louis XVI, par les lois de la France républicaine, de la France consulaire, de la France impériale, et enfin par la Charte de la France royale et constitutionnelle.

4° Que c'était attenter aux règles de toutes les sociétés possibles sur la propriété, que de contester un titre acquis en vertu de tant de lois, reconnu par tant de gouvernemens, sanctionné par la prescription, contre laquelle nul pouvoir légal ne peut revenir, contre laquelle la force seule pourrait s'élever.

5° Que créer une association dirigée contre la paisible possession des propriétés *dites* nationales, était un attentat contre l'art. 9 de la Charte, qui les déclare aussi inviolables que les propriétés *dites* patrimoniales.

6° Que proclamer des poursuites judiciaires contre les propriétaires de biens nationaux, c'est réveiller toutes les craintes, c'est remettre en présence toutes les haines, c'est enfin attiser les brandons que toutes les constitutions avaient éteints, que la Charte voulait éteindre.

7° Que réunir toutes les réclamations individuelles pour en former une masse imposante, afin d'attaquer au nom de cette ligue des acquéreurs isolés sur leurs champs, paisibles dans leurs chaumières, c'était chercher à les épouvanter par un fantôme de puissance inconstitutionnelle, illégale, occulte, pour les forcer à des transactions ruineuses, pour les accabler de frais, de poursuites, de procès, pour les ruiner enfin, et les violenter jusqu'à ce qu'ils eussent abandonné leurs propriétés.

8° Que l'*association*, en les menaçant d'user contre eux des moyens que lui donnent les lois, les *circonstances*, et sa *position sociale*, cherchait à les effrayer sur l'état politique de la France. J'insiste peu sur ces menaces, parce que je pense que le gouvernement les fera bientôt évanouir, non en proclamant ses intentions, mais en renouvelant ses promesses tant de fois, et si solennellement proclamées.

9° Qu'en imprimant, qu'après avoir senti le besoin de faire triompher les réclamations des émigrés, l'*association avait été assez heureuse pour acquérir la certitude de ce triomphe*, on avait imprimé un mensonge, parce que cette certitude n'avait pu être donnée, ni par les tribunaux, ni par les chambres, ni par le gouvernement du Roi.

10°. Qu'en demandant à chaque émigré un *minimum* de 20 fr., et un *maximum* de 100 fr., l'association voulait se créer une caisse considérable, afin de porter la terreur sous le toît des acquéreurs des biens des émigrés, ou que c'était une spéculation financière qui par des paroles trompeuses voulait mettre à profit de vieilles et vaines espérances.

11° Enfin, je laissais entrevoir aux yeux le moins clairs-voyans que l'association venait mettre en pratique la théorie de M. le comte de Montlosier, de M. Dard, et surtout les idées de M. Bergasse, qui appelé devant les tribunaux, y avait été accueilli par les éloges du ministère public, par la faveur des juges et par l'acquittement unanime et solennel du jury.

Je le cachais hier, je l'avoue aujourdhui, ce sont ces livres, ce procès et ce jugement qui m'ont déterminé à manifester mon opinion sur l'association constitutionnelle. De cela seul que le procureur du Roi, les magistrats et les jurés n'avaient pas vu de délit dans l'ouvrage deM. Bergasse, ils ne pouvaient en voir dans le Prospectus de M. Sarran. Après cet arrêt, la discussion rentrait tout entière dans le domaine de l'opinion; c'était une polémique littéraire, un débat politique; le public en était le seul juge, et ce magistrat, tout souverain qu'il est, ne prononce jamais des arrêts dont les suites soient funestes à ceux qu'il condamne.

C'est aussi devant ce juge qui pour n'être pas impassible, n'en est pas moins équitable, que M. Sarran vient se défendre contre moi, et m'accuser à son tour. Voici sa lettre; il me réplique, et je réponds.

ASSOCIATION CONSTITUTIONNELLE

Pour la défense légale des intérêts légitimes.

Paris, le 5 aout 1821.

A M. LE RÉDACTEUR DU *COURRIER FRANCAIS.*

MONSIEUR,

Ce qu'il y a de plus remarquable dans l'article qui a paru dans votre numéro du 4, sur l'Association constitutionnelle pour la défense légale des intérêts légitimes, c'est qu'à propos de cet établissement, aussi honorable pour ses fondateurs, qu'utile à l'intérêt réciproque des anciens et des nouveaux propriétaires des biens dits nationaux, vous ayez parlé de tout, excepté de l'objet dont vous paraissez toutefois avoir voulu vous occuper. Au moyen de quelques explications qui pourraient devenir piquantes par les rapprochemens qu'elles offriraient entre ce que vous avez dit et ce que vous auriez dû dire, il nous serait facile peut-être de vous battre avec d'autant plus d'avantage, que nos plus fortes armes nous seraient fournies par l'exagération même de vos argumens, et l'erreur de vos assertions.

Mais comme dans la question importante qui nous occupe, nous avons plus besoin de ramener les esprits sur le terrain des choses où l'issue du combat doit tourner au profit de la justice, que d'entretenir une guerre de mots dont le résultat, aussi décisif contre vous, Monsieur, serait plus brillant aux yeux de la multitude, qu'utile au triomphe des intérêts légitimes dont nous prenons la défense, nous avons le soin d'écarter de la discussion tout ce qui pourrait toucher à l'esprit de parti, qui brouille tout et ne saurait faire loi, pour faire valoir des motifs qui, tendant à l'union des partis, doivent applanir bien des difficultés, et de prouver, comme nous l'avons établi dans notre prospectus, que nous ne voulons que ce qu'il est possible d'obtenir en toute équité, selon l'esprit et la lettre des lois.

Nous sommes bien persuadés, Monsieur, qu'après avoir relu votre article imprimé, vous vous êtes aperçu qu'il ne répondait nullement à l'écrit qui semble l'avoir provoqué;..... si vous avez attendu jusque là pour faire cette remarque, Mais comme cette retractaction mentale, excellente pour votre satisfaction personnelle, ne saurait être suffisante pour l'édification du public, qui serait là tout prêt à vous accuser de mauvaise foi, si vous ne vous hâtiez de rendre hommage à la vérité, nous croyons devoir vous offrir un moyen victorieux de concilier toutes choses, en vous engageant à vouloir bien insérer dans votre prochain numéro, comme un *erratum* à votre article, une copie exacte de notre prospectus, qu'à cet effet nous avons l'honneur de vous adresser de nouveau.

Loin de répondre à mes objections, l'association se place sur un terrain nouveau, je ne crains pas de l'y suivre.

En supposant que vingt mille émigrés versassent à la caisse de l'établissement la somme de cent francs demandée par l'association, cet impôt produirait deux millions. Ce calcul me semble prouver que le mot *honorable* est mal choisi; l'établissement pourrait être *utile* à ses fondateurs, et c'est ce qui m'avait fait présumer que l'association constitutionnelle pourrait n'être au fond qu'une spéculation financière.

Que faut-il entendre par l'intérêt réciproque des anciens et des nouveaux propriétaires des biens *dits* nationaux? Et d'abord pourquoi ce titre de biens *dits* nationaux? L'article 9 de la Charte n'a-t-il pas prohibé toute distinction des propriétés qu'on appelle nationales? Est-il constitutionnel de faire revivre ce que la constitution a aboli? Qu'est-ce que ces *anciens* et *nouveaux* propriétaires? Les émigrés croiraient-ils avoir encore sur les biens vendus quelques droits de propriété? Le même bien peut-il appartenir à deux maîtres? Lorsque l'un a pour lui la loi, le titre et la possession, l'autre peut-il attester des prétentions proscrites par le pacte social, prétentions que chez tous les peuples il faudrait proscrire au nom de l'ordre et de la paix, prétentions qu'on ne peut faire revivre dans l'intérêt des émigrés, sans les permettre au clergé, aux abbayes, aux hôpitaux, aux citoyens ruinés par le tiers consolidé, par le *maximum*, par les réquisitions, par la banqueroute de l'abbé Terrai, par la banqueroute de Law, aux victimes de toutes les confiscations, aux jésuites, aux protestans; prétentions enfin qui bouleverseraient tellement l'ordre établi, que de vingt ans il serait impossible de dire à qui appartient un champ, un pré, une maison?

L'association s'est interdit quelques explications qui pouvaient devenir *piquantes*. Je lui sais bon gré d'avoir ménagé mon amour-propre, et toutefois je ne serais pas fâché de trouver quelque chose de piquant dans sa réponse.

Le dernier passage ne répond à rien. Il est un peu long pour un écrivain qui veut éviter les guerres de mots. Il se borne au précepte du laconisme, j'en donnerai l'exemple. J'y remarque une assez jolie pointe, mais les intérêts de dix millions de Français doivent-ils se décider par une épigramme? Nous ne donnerons pas d'*erratum*: l'association ne sait-elle pas que mon premier article n'en a pas besoin? A-t-elle contesté l'exactitude de mes citations? Et quant à l'accusation de mauvaise foi, elle est la bien venue de la part de cette réunion d'hommes *sages*, de publicistes *vertueux*, et de financiers *habiles*. Je suis fâché cependant que l'association supplée au raisonnement par l'injure.

Écoutons encore l'association.

Vos lecteurs, et principalement les acquéreurs de biens nationaux, à qui vous avez jugé à propos de prendre un intérêt si vif et si alarmant, verront dès lors que, bien loin d'avoir à craindre de notre part aucune attaque, même indirecte, qui puisse infirmer leurs droits de propriété, consacré par la charte et garanti par les ordonnances et les lois qui en dérivent, c'est autant dans leur intérêt que dans celui des anciens propriétaires, c'est surtout dans l'intérêt bien plus puissant de la chose publique, que nous avons invoqué l'application des règles les plus bienfaisantes de la justice, rendues selon les formes légales.

Ici l'on commence non à répondre mais à s'expliquer. Je prends, il est vrai, un vif intérêt aux acquéreurs de biens nationaux. La plupart de ces biens ont été vendus par parcelles; des ventes nouvelles, des échanges, les successions et les partages les ont depuis trente ans tellement divisés, que près de dix millions de citoyens en possèdent. L'intérêt que l'on doit à la moitié des Français est vif comme tout ce qui se rattache à des intérêts généraux; et s'il est alarmant, ce n'est pas moi qui depuis sept ans, menace les propriétés, garanties par la constitution, d'une invasion inconstitutionnelle; ce n'est pas moi qui par ces menaces et par de funestes combinaisons ai déprécié ces domaines qui étaient au pair de leur valeur, au point de les réduire au quart de ce qu'ils valent, et ce n'est pas moi qui, au moyen d'une association constitutionnelle, cherche à les faire sortir entièrement du commerce. Les acquéreurs n'ont, dites-vous, *à redouter de votre part aucune attaque, même indirecte, qui puisse infirmer leur droit de propriété*; mais d'où viennent donc toutes ces attaques qui, dans la plupart des départemens, font que les acquéreurs ne peuvent ni vendre ni emprunter? et si vous prétendez que votre association est étrangère à ces condamnables manœuvres, je dois alors me borner à juger votre établissement par ce qu'il tente de faire. Or, en tête de votre prospectus je trouve que vous demandez aux émigrés des renseignemens et une procuration pour leur faire restituer les meubles et immeubles confisqués qui se trouveraient encore entre les mains du Gouvernement. A cela je n'ai rien à dire, adressez-vous aux Ministres : entre vous le débat. Mais j'y trouve aussi que vous demandez, *pour indemnité à raison de biens d'émigrés* NON RESTITUÉS, la situation des biens par commune, arrondissement et département, leur valeur par baux ou autres actes authentiques, etc. (1) Et je vous demande à mon tour qui vous a donné le droit d'appeller les biens nationaux *biens d'émigrés non restitués*? Est-ce par esprit de paix que vous

---

(1) *Pièces à envoyer pour indemnité à raison de biens d'émigrés non restitués.*

1° La situation desdits biens par commune, arrondissement et département;
2° Leur valeur, constatée par baux ou autres actes authentiques;
3° Les contributions que lesdits biens payent;
4° L'époque de la vente et le prix auxquels ils ont été adjugés;
5° Les observations de toutes espèces y relatives;
6° Le titre en vertu duquel se font les réclamations;
7° Un état des dettes dont les biens étaient grévés;
8° Enfin une procuration notariée.

cherchez à les déprécier, à flétrir leur vente, toute légale, toute constitutionnelle qu'elle est? N'est-ce pas là *une attaque très-directe*? Voulez-vous faire espérer aux émigrés qu'ils peuvent, malgré la Charte, s'attendre encore à la *restitution*? Pourquoi demander les plans de toutes les propriétés nationales? Que voulez-vous faire de ce *cadastre de l'émigration*? Que penseront les dix millions d'acquéreurs lorsqu'ils verront les vingt mille émigrés venir arpenter la toise à la main et en vertu d'une prétention condamnée par les lois et que vous appelez *droit ancien de propriété*, les biens qu'ils ont acquis, que l'état a vendus, que la Charte garantit? Dans mon premier article j'avais feint de me méprendre sur vos prétentions, et appuyant sur l'équivoque du mot *indemnité*, j'avais dit que c'était au Gouvernement que vous vouliez la demander par l'intermédiaire des chambres; j'espérais que nos lecteurs ne s'apercevraient pas que, pour les frais d'une pétition, vous aviez besoin de lever sur les émigrés un impôt de deux millions; j'espérais que voyant vos intentions signalées, vous reculeriez à l'aspect des troubles qu'elles pouvaient susciter, et je vous ménageais une retraite honorable. Mais puisque vous persistez à fomenter tous les ferments des discordes civiles, je dois dire que ce n'est pas à l'état, que c'est aux acquéreurs que vous voulez intenter votre action en indemnité, et la preuve en est dans la procuration que vous demandez aux émigrés. Votre modèle porte « qu'on vous donne pouvoir de former *contre qui de droit* une demande en indemnité; de faire en conséquence toutes poursuites, obtenir tous jugemens, consentir tous abandons moyenant indemnité, etc. (1) N'ai-je pas déjà prouvé que ce n'est pas à l'état mais aux acquéreurs que ces procès vont être intentés? Est-ce le Gouvernement du Roi que vous voulez traduire devant les tribunaux? Est-ce à lui que vous voulez consentir l'abandon des biens vendus? Ce n'est pas lui qui les a acquis. Ce sont donc les dix millions d'acquéreurs que vous voulez harceler juridiquement au nom des vingt mille émigrés. Mais poursuivre la moitié de la France, mais contester aux véritables propriétaires la propriété de la moitié du territoire, est-ce là ce que vous appelez l'intérêt puissant de la chose

---

(1) MODÈLE DE PROCURATION.

Pardevant
est comparu M.
lequel donne pouvoir, par ces présentes, à M. , directeur de l'association constitutionnelle pour la défense légale des intérêts légitimes, établie rue de Marivaux, nº 3. de, pour, et au nom du constituant, former par toutes les voies constitutionnelles et légales, contre qui de droit, une demande pour raison de (expliquer ici l'objet de la réclamation); faire en conséquence toutes poursuites et réclamations quelconques; obtenir tous jugemens, consentir tous abandons, moyennant indemnité, et suivre toutes liquidations y relatives. Le tout sans pouvoir soumettre le constituant à d'autre appel de fonds que ceux versés.

publique? N'est-ce pas plutôt réveiller et mettre en présence tout l'ancien régime et toute la révolution?

L'association poursuit ce qu'elle appelle sa réponse.

Et pour parvenir à ce but, objet constant des désirs de l'unanimité des Français qui n'ont pas d'affaire de parti à substituer à la place de la convenance et de l'équité, sans doute nous mettrons en usage tous les moyens que peuvent nous fournir non-seulement les lois, mais encore les circonstances et notre position sociale, dont, entre nous soit dit, et franchement parlant, nous ne croyons pas qu'il soit bien criminel de profiter, lorsque ces circonstances et cette position peuvent amener le triomphe des lois. Certes, il faudrait être bien difficile pour persister à voir quelque chose d'intempestif dans tout cela.

Sans doute, ce sera *contre qui de droit* que nous dirigerons nos poursuites légales, si, contre notre attente, les mesures conciliatrices pouvaient rester sans effet. Mais quel homme assez peu instruit des lois de son pays, pourrait penser que les acquéreurs de biens nationaux aient rien à redouter de ce qui, au contraire, doit, en résultat, rehausser devant l'opinion, qui est un fait, leurs propriétés protégées par la loi, qui est leur droit, et un droit respectable comme celui sur lequel se fondent les réclamations si légitimes des anciens propriétaires.

Ici le ridicule le dispute à l'injustice. On parle des désirs de l'unanimité des Français lorsqu'on veut contester ses propriétés à la moitié de la France. Que ce triomphe soit le premier désir de l'association, je l'accorde; des émigrés, je le veux; mais la France ne peut désirer la ruine de dix millions d'acquéreurs. Et aux acquéreurs ruinés il faudrait ajouter encore la ruine de leurs créanciers, et il n'est presque pas de citoyen qui, médiatement ou immédiatement, ne fût victime des projets hostiles de l'association constitutionnelle. Je sens fort bien que, cette association, profitant, comme elle le déclare de nouveau, des *circonstances* et de sa *position sociale*, ajoutant à ce crédit les *deux millions* obtenus par la réquisition qu'elle impose aux émigrés, pourrait intimider, lasser et spolier les acquéreurs; mais il est une digue à lui opposer; et si l'association persiste dans ses projets désorganisateurs, nous déclarons d'avance que cette réunion de jurisconsultes *sages*, et d'*habiles* financiers n'aura pas à lutter contre des acquéreurs isolés, faibles par leur position, intimidés par ses menaces; nous prenons l'engagement solennel de les réunir en faisceau, d'opposer association à association, et nous verrons ensuite si les réclamations de la masse des émigrés ne feront pas un éclatant naufrage contre le droit légal, constitutionnel, légitime, contre le titre et la possession de la masse des acquéreurs. Peut-être serait-il à désirer que cette lutte, si elle ne devait troubler ni la paix intérieure, ni l'ordre public, ni la sûreté du gouvernement du Roi, fût enfin engagée. Lorsque les prétentions de l'émigration se seraient brisées contre les lois de l'état, contre la jurisprudence de tous les tribunaux, alors peut-être elles s'évanouiraient, alors peut-être on ne parlerait plus de cette ancienne possession *qui est un droit*, et de la possession nouvelle *qui est un fait*. Et alors les propriétés cessant d'être attaquées et avilies, reprendraient la valeur qu'elles avaient avant 1814, et que la tactique des émigrés ruine chaque jour davantage.

Mes onze objections sont encore sans réponse : hâtons-nous d'en finir.

Vous demandez, Monsieur, de qui nous avons parole pour obtenir la justice qui est due à nos malheureux et honorables cliens ? Nous avons parole du Roi qui veut tout le bien qui est possible et qui trouve possible tout ce qui est juste et ne blesse ni la charte qu'il a donnée ni les lois qu'il a établies; nous avons parole de la France entière, qui veut qu'enfin il ne reste pas plus de prétexte aux factieux, que de motifs de plainte au malheur, au moyen d'une légale répartition de la justice, de cette justice que les sociétés ne violent jamais impunément, et à laquelle il faut qu'elles reviennent si elles veulent se maintenir : car il n'y aurait bientôt plus d'état là où le droit de propriété ne serait pas religieusement respecté, comme il n'y a d'ordre que là où règne *la justice*.

L'intérêt des acquéreurs m'avait fait demander à l'association si elle avait parole des tribunaux, des chambres ou des ministres pour déclarer qu'elle avait acquis la certitude du triomphe de ses réclamations. Le respect pour la majesté royale, qui ne doit jamais intervenir dans les débats politiques sans une urgente nécessité, m'avait interdit de parler de la couronne. L'association déclare qu'elle a parole du Roi. Ici le même respect m'arrête. Je me borne à dire que cette assertion est fausse; la parole du Roi est dans l'article 9 de la Charte.

Il est vrai qu'il n'y a d'ordre que là où règne la justice, mais la justice est dans le droit des acquéreurs, et la paix publique est dans le respect de la Charte et des lois. Il est vrai qu'il n'y aurait plus d'état là où le droit de propriété ne serait pas religieusement respecté, et c'est pour que l'état subsiste, que nous ne cesserons de défendre les propriétés de dix millions de citoyens, et que nous accepterons volontiers le titre de factieux, tant que l'association constitutionnelle le donnera à ceux qui demandent l'exécution de la constitution.

La lettre finit ainsi :

J'aurais bien d'autres choses à vous dire, Monsieur, mais attendant que l'ouvrage annoncé dans le propectus, et que mal à propos vous prenez pour un second titre de notre établissement, réponde bientôt à toutes vos assertions, nous aimons assez que ce soit là notre dernier mot, heureux si cette façon de terminer notre lettre vous engage à l'insérer dans votre journal, comme elle sera dans les autres journaux, auxquels nous croyons devoir l'envoyer pour rendre, dans l'intérêt de votre bonne foi, votre réparation aussi éclatante que possible.

C'est dans cet espoir, Monsieur, que nous avons l'honneur de vous faire agréer l'expression de notre considération distinguée.

SARRAN,

Au nom des fondateurs de *l'Association.*

Ici l'association termine sa lettre ; ici finissent mes objections ; je désire que cette *réparation* lui suffise. On voit que loin de détruire nos argumens, elle les laisse sans réponse, et leur prête une force nouvelle. Comme elle, nous désirons que ce soit là notre dernier mot, mais, si elle persiste à rallier les émigrés contre les propriétés nationales, nous lui répondrons par un *Prospectus* véritablement *constitutionnel*. Le besoin d'une juste et légitime défense imposera aux acquéreurs la nécessité de se réunir, pour s'opposer à l'hostilité de l'émigration. Ils se présenteront, non isolés, mais en faisceau devant les agresseurs ; et nous verrons alors ce que deviendra cette masse *imposante* d'espérances inconstitutionnelles et de prétentions surannées contre la masse *réelle* de droits acquis à titre légal, sanctionnés par la constitution et défendus par dix millions de Français.

Grâce à l'arbitraire, l'*association constitutionnelle* ne peut être combattue. Veut-on faire croire qu'elle n'existe point ? n'a-t-elle pas été annoncée par la *Quotidienne* du 3 août? n'a t-elle point, pour assurer ses succès, les prospectus qu'elle répand, les espérances qu'elle flatte et les craintes même qu'elle fait naître ?

Le silence commandé par la censure est une prime pour l'*association*. N'ayant plus d'adversaires à redouter, le *comité directeur de l'émigration* pourra former sa clientelle, recouvrer les fonds qu'il demande, et lorsque ses armes seront prêtes, nous le verrons sans doute attaquer à l'improviste, et un à un, les acquéreurs de domaines nationaux.

Que pourra-t-on lui opposer alors? la Charte? les lois? la jurisprudence des tribunaux ? Mais n'est-ce pas là ce que l'on conteste ? M. Bergasse n'a-t-il pas dit qu'il fut un temps (c'est l'époque de 1815) où l'on espérait la révision de la Charte et l'abolition de l'art. 9? Le temps de ces coupables espérances est-il hors de l'ordre des choses possibles? Sans doute dans l'état actuel, les propriétaires, acquéreurs à titre onéreux, possesseurs de bonne foi de biens légalement vendus, n'auront, en résultat, rien à redouter des tribunaux. Mais ces poursuites auront produit deux funestes conséquences dont l'émigration pourra s'applaudir : d'un côté les propriétaires juridiquement poursuivis, isolément attaqués, luttant contre la masse des émigrés, espérant le succès et craignant la défaite, forcés d'avancer des frais considérables pour leur défense, contraints à des déplacemens ruineux, finiront par n'avoir plus qu'une possession précaire, car ce n'est plus une propriété que celle qu'on attaque sans cesse et qu'il faut défendre toujours. D'un autre côté ces propriétés ainsi contestées, n'offrant qu'une possession privée de sûreté et de garantie, vont complètement sortir du commerce: les acquéreurs ne pourront les vendre qu'à vil prix, et c'est ce qui se passe en France depuis 1815; ne pourront les offrir en hypothèque, et c'est ce qu'on voit déjà dans la Bretagne; ne pourront même les donner en dot à leurs enfans, et c'est ce qu'on a déjà vu dans les Vosges.

Cette réciproque influence de la propriété sur les possesseurs, et des possesseurs sur la propriété; ces actions personnelles bien faites pour dégoûter les acquéreurs; ces actions réelles préparées pour avilir les biens acquis, ont sans doute pour but occulte de contraindre les propriétaires à cesser de féconder la terre par leur travail et leur industrie, afin que cette terre que la crainte d'une spoliation laissera stérile, puisse retourner par des transactions forcées entre les mains des émigrés.

Cette espérance sera déçue. L'émigration reconnaît elle-même que le titre, la possession, les lois et la charte militent en faveur des propriétaires. Elle se rejette dans les ouvrages de MM. de Montlosier, Dard et Bergasse, sur une religieuse équité. Quelle équité! on se plaint d'une spoliation, et l'on demande une spoliation nouvelle! on crie à la confiscation, et l'on veut une nouvelle confiscation! mais ici la justice est tout entière du côté des propriétaires. Qui a confisqué le bien des émigrés? c'est le Gouvernement. Qui veut envahir le bien des propriétaires? ce sont les émigrés. Sur qui avait-on confisqué ces biens? sur des hommes qui avaient abandonné Louis XVI, que Louis XVI rappellait à chaque instant auprès de son trône, de ce trône dont leur émigration a causé la chute. Sur des hommes à qui le directoire ; le consulat et l'empire ont rouvert les portes de la France ; et qui, rentrant à cette époque, se sont soumis à tout le passé, ont tout sanctionné par leur retour, ont tout approuvé par leur présence. M. de Montlosier donne à Louis XVIII le nom d'*émigré*, mais du moins la perpétuelle émigration de Louis XVIII était une protestation perpétuelle ? Le Roi était-il rentré avec M. de Montlosier ? avait-il, sous l'empire, écrit en faveur des intérêts créés par la révolution ? Prenez-y garde, dit M. Dard, les Irlandais du continent donnent et lèguent encore les propriétés que depuis cent ans on a confisquées sur eux en Irlande et M. Dard n'a pas vu que les Irlandais étaient loin de leur patrie, qu'ils ne voulaient rien sanctionner par leur retour, et que donner et léguer leurs biens envahis était encore une manière de protester contre l'envahissement ? Mais nos émigrés rentrés sous le directoire, le consulat et l'empire, ont accepté la France de l'empire, du consulat et du directoire. Et nos émigrés rentrés avec la restauration, ont accepté la France telle que la Charte l'a faite.

Sur qui voudrait-on opérer une confiscation nouvelle ? Sur des propriétaires qui, depuis trente ans, fécondent leurs biens par leurs sueurs, en augmentent la valeur par leur industrie ; ventes, échanges, donations, testamens, successions, créances hypothécaires, dettes personnelles, tout serait bouleversé en France, à l'instant où cette fatale entreprise obtiendrait quelque éclat. La position sociale de la moitié des Français serait détruite, toute propriété en suspend, l'ordre public attaqué jusque dans sa base. Qui pourrait répondre alors de la paix intérieure ? Qui peut dire où s'arrêterait le désespoir ? où serait la force pour éteindre les brandons des discordes civiles qu'une imprudente tentative aurait allumées ?

Sans intérêt dans cette cause, j'ai cru devoir à l'ordre social, à la sécurité de la France, de signaler la tempête que l'émigration appelait sur notre avenir. La censure, la plus funeste des institutions sous un gouvernement représentatif, la censure prête à l'*association constitutionnelle*, un auxiliaire qui deviendrait fatal à la paix publique. Le silence qu'elle commande aux journaux laisse cette entreprise agir en liberté, et me force à recourir à un autre genre de publicité, pour faire connaître ses manœuvres.

Il est un moyen de les déjouer. Ce moyen, c'est une ASSOCIATION VÉRITABLEMENT CONSTITUTIONNELLE POUR LA DÉFENSE DES INTÉRÊTS DES ACQUÉREURS DE DOMAINES NATIONAUX. Le Prospectus paraîtra au moment où nous apprendrons que celui de M. Sarran pour les émigrés n'est pas retiré de la circulation.

Les perturbateurs furent paisibles sous tous les gouvernemens de la France, parce qu'alors il y avait, pour eux, péril dans le trouble. Aujourd'hui, leur crainte a cessé avec le danger. Ils disent qu'ils n'étaient pas *bonapartistes*, et ils ont, avec un soin religieux, respecté la paix publique sous le règne de Napoléon. Ils se disent royalistes, et ils menacent, avec une ardeur effrénée, la paix de l'Etat sous la royauté. Si j'avais à choisir, certes, à leur intempestive amitié, je préférerais cette haine qui fut quinze ans taciturne.

Dans cet écrit, j'ai employé les mots *émigrés, émigration*. J'avais besoin d'une expression collective ; je dois à la justice de déclarer que je connais beaucoup d'émigrés assez sages pour ne pas tourner la tête vers le passé, assez prudens pour s'effrayer d'une entreprise qui doit troubler notre avenir.

P. S. J'avais cru que la censure ne s'opposerait pas à ce que les craintes des propriétaires fussent calmées par une autre voie que celle des journaux, et j'espérais qu'elle permettrait du moins l'annonce inoffensive d'une brochure très-inoffensive. Je m'étais trompé : elle a encore rejeté l'article suivant : « On annonce comme devant paraître aujourd'hui chez Béchet, libraire du *Courrier français*, une brochure qui a pour titre : *D'Une Association prétendue constitutionnelle contre les Acquéreurs de Domaines nationaux*, par J.-P. Pagès. » Ce nouveau rejet indique-t-il que la censure accorde à l'Association la protection du silence, et que les acquéreurs ne trouveront que très-difficilement une sauve-garde de leurs droits dans la publicité de leur défense?

FIN.

DE L'IMPRIMERIE DE CONSTANT-CHANTPIE,
RUE SAINTE-ANNE, N° 20.

www.ingramcontent.com/pod-product-compliance
Ingram Content Group UK Ltd.
Pitfield, Milton Keynes, MK11 3LW, UK
UKHW020525230726
13925UKWH00005B/2236

9 782014 046014